AF442615

AMAR, QUERER Y PARTIR

AMAR, QUERER Y PARTIR

El autor también publicó, en 2020,
con esta casa editorial, el poemario:

Sexo, pasión y lágrimas

AMAR, QUERER Y PARTIR

Richard Yanes

Editorial Voces de Hoy

Amar, querer y partir
Primera edición, 2021

Digitalización y edición: *Zenaida Ferrer*
Diseño interior y diagramación: *Josefina Ezpeleta*
Diseño de cubierta: *Juan José Catalán*

ISBN: 979-8738517860

Editorial Voces de Hoy
Miami, Florida, EE.UU.
www.vocesdehoy.net

A mi hijo Richard Yanes, Jr.
A mis padres, Rogelio y Josefina.
A mi familia, la cual amo y quiero tanto.
A mis amigos, a quienes me debo de manera incondicional.
A mis musas inspiradoras que no me pueden faltar.

Mi amor a todos.

*El amor perfecto
es una amistad
con momentos eróticos.*

ANTONIO GALA

Besos, abrazos y mordidas

Te llenaré de besos, dispuesto a recorrer
las líneas de tu cuerpo que yo tanto deseo
Secreto tras tu piel, dame un amanecer,
dame ese algo de ti, que es lo que busco y veo.

Te llenaré de abrazos, cual molde a tu figura
tejeré con ternura, bordaré tu placer
y en un anochecer, dando rienda a mi locura,
mojaré tu hermosura lista para comer.

Te llenaré de mordidas, creando muchas huellas
y muy dentro de aquellas mi pasión podrás ver,
yo te podré encender tus muslos con centellas,
bajarte las estrellas y ver el sol nacer.

Tierna imaginada

Olorosa cual jazmín
bella como una rosa
me lucías deliciosa
blanca, rosada y carmín.

Te detallaba hasta el fin
calando toda tu hermosura
tu manera de hablar, tu figura
imaginada en satín.

Cuidé de mi discreción
mientras miraba tus pechos,
yo imaginaba los hechos
midiéndote a precisión.

Y ya dentro, en mi emoción
saboreando tu blancura,
imaginé tu ternura
entregada con pasión.

Alguna vez

Chiquitica dime por qué
no te vas de mi razón
recalculo la ecuación
y en la noche te busqué.

No hay razón para creer
si nos va a ir bien o mal
transformarme en tu animal
sin tú tener que escoger.

Amantes podemos ser
sin lugar al compromiso
haciéndonos caso omiso
que solo guíe el placer.

Montada en mí podrás ver
la luz que te da mi estrella
sentirte tú la más bella
cabalgar y enloquecer.

Y si en un anochecer
sobre mí dices otro nombre
olvídate de este hombre
que ya no te querrá ver.

Insinúate

Acércate a mi boca y piérdeme el respeto
enjúgate los labios e incítame a besar
acaricia tu pelo y dame una sonrisa
provócame en delicias tus ganas de amar.

Regálame miradas que digan lo que sientes
como esos movimientos fuertes al caminar
desnuda tu voz frágil en temas que amenizan
y déjame tus huellas marcadas al pisar.

Hazte provocativa, llena de insinuaciones
demuestra sin palabras todo tu confesar
que eres mujer ardiente   eufórica   sativa
un cofre con tesoros que se quiere entregar.

Cálame hasta los huesos sin límites de nada
déjame sin aliento   casi sin respirar
y ábreme tu pozo cargado de deseos
donde guardas el agua que yo quiero tomar.

Mujer, encuéntrate en mi poesía

Desviste tu intimidad
date luz verde a una entrega
y pon fin a tu laberinto de locura.

Libérate a ser la otra
y déjate fluir sin pensar en un después,
haz a un lado la preocupación,
olvídate del qué dirán.

Sacúdete, espabílate
y abre cariñosa tu surco de entrega
al dichoso que se va a untar con tu fragancia.

No te concentres
pon osadía en atreverte
y ve en dirección a hacer
lo que solo abrigabas como un pensamiento.

Encuéntrate a ti misma en mi poesía,
hazte de flores: de geranios y de mariposas para ti
—no moderes tu conducta.

Tú eres tu dueña, eres toda de ti misma
no dependes de nadie más que de ti
eres una leona, una locura, una campeona
que se otorga en la vida al ganador que tú misma has elegido.

Empínate y alza tu mirada
regálate a ti misma la riqueza de tu trayectoria,
la impresión de tomar el timón de tu vida,

...un suspenso
   ...encuéntrate
      ...es tiempo de que vivas
         ...es tiempo de que contigo misma seas feliz.

Contigo

Soy activo al menor motivo
tengo atrevida la insinuación
mi voz es como una canción
a tu oído adaptativo.

Como pienso así lo escribo
lo vivido e imaginado
soy todo un enamorado
un ser sativo adictivo.

No sé si será un castigo
tener esta condición
que acelera el corazón
—tener mujeres conmigo.

Entrego lo recibido
lo mejor de mi pasado
y un presente inesperado
todo de pasión vestido.

Deseo, tengo y prosigo
sentido a otra dimensión
disfrutar de la emoción
de hacer el amor contigo.

La verdad que quieres ver

Por qué me has de leer
te identificas con lo que yo digo
no hay mentira   yo consigo
la verdad que quieres ver.

Que te ves en este ser
y tu cabeza da vueltas
como hojas que revueltas
se juntan al anochecer.

Silueta que se dibuja
en tu fantasma que emerge
y guarda lo que sumerge
eructando una burbuja.

Para ese que en tu mente estrujas
y su nombre no quieres decir
alma desnuda de mi vivir
salida en noche de brujas.

Fantasías que hábilmente
dan valor a tus reclamos
y diciendo: a lo que vamos
me haces el amor locamente.

Tú me gustas

Tú me gustas
qué fuerte es lo que siento
pensarte a ti
es como navegar el mar
poder tener tu cuerpo
toda una recompensa
botín de guerra
toda para disfrutar.

Alianzas extrañas
se canjean en mi mente
solo por poseerte
no solo en mi mirar
un cuerpo fascinante
con unos ojos bellos
de todo impresionante
arder o reventar.

Eres como la noche
la tarde a ti te presume
tragando insinuaciones
tenerte hasta saciar
eres lo exuberante
belleza que enamora
hermosa hasta los huesos
delito y confesar.

Desde que te vi

Desde que te vi no hago más que desearte
ahogado en pensamientos locos por expresar
tentado a provocarte quizás hasta besarte
fuertes ganas de amarte, tenerte sin parar.

Mil cosas en mi mente, imaginar tu ombligo
lamer todo tu encanto hasta tu estremecer
y estallar contigo con encanto de amigo
encima de tu cuerpo hacer y deshacer.

Y expreso lo que siento, sin ser muy descriptivo
porque aún existen tabúes mil formas de leer
mil formas para amarte sabiéndome sativo
una noche de amor contigo y después vamos a ver.

Una historia X

La chica de la esquina busca una aventura
me mira y se sonríe muy pícara además
repite la mirada y provoca a la malicia
ella no está asustada, segura y algo más.

Prosigo a su juego entrando en acertijos
las poses reveladas que yo he de notar
labios provocativos escote pronunciado
un hola silenciado, qué tal, cómo tú estás.

Su mirada se repite y me dice muchas cosas
te invito a tomar algo fue mi reaccionar
demos un paseo, yo quiero hablar contigo
y sin tantas palabras, te quiero conquistar.

Respiraba de sus poros el deseo-hambre de sexo
la gata delgada no dejaba de maullar
y en un pasillo estrecho camino a nuestro lecho
mucho antes de ese trago la tuve que besar.

Me correspondió al instante con mucho frenesí
estaba desesperada, estaba fuera de sí
proseguimos a mi casa en intervalos de besos
la presión se aceleraba, me quemaba hasta los sesos.

Y una vez que abrí la puerta no hubo margen de reacción
se abalanzó sobre mí, peleaba contra un dragón
apenas la pude apartar, como loca me miraba
yo preparaba su trago y acometí mi estocada.

Un cigarrillo risueño, que me intensificaba
un buen vino para ambos, con la pastilla indicada
mi experiencia de por medio y las ganas que llevaba
fui de frente a sus espaldas, ella todo deseaba.

Insuperable salió un manantial de pasiones
que se dejaba arrastrar a todas mis peticiones
un ejemplar de leyenda, de sátiros y canciones
una ninfa del Olimpo con todas sus emociones.

Y un final que no llegaba al final se hizo presente
te gustó, le pregunté, eso era más que evidente.
Me sonrió complacida y me mostró hasta los dientes
estaba desesperada, desenfrenadamente.

Nunca me dijo su nombre, ni su edad, así de frente
solo disfruté su cuerpo en una noche caliente
ella susurró a mi oído, apenas muy sutilmente
no me busques en tu futuro, solo víveme en tu presente.

Buen provecho

Buen provecho
hoy me sirvo para ti
hoy te regalo la noche
«noche sin máscaras»,
tatúa en mi cuerpo toda tu locura
deja salir tus demonios
y envíalos sobre mí.

Sé libre como el viento
orgullosa,
cambiante a tormenta y serena a la vez
deja tus huellas en mil detalles,
detalles pasionales
detalles, de tus manos sobre mí.

Fogosa,
fogosa irreverente en la hoguera
para ser después dulce trepadera, enredadera
enredadera de manos, de brazos y de piernas
…cuerpos mojados de lluvia dorada
cuerpos inquietos.

Hoy cumplo todas tus fantasías
hoy te regalo el dolor y hasta la sangre mía,
me quedo hundido en tus uñas,
no somos conservadores
no somos moderados
hoy libero al atrevido y te dejo que seas más,
te dejo entrar en mi aliento
ser mi cómplice haciendo el amor.

Para después quedar sumergido,
tranquilo

dentro de tu memoria
con mi colmillo clavado en tu recuerdo
quedarme ahí para ti
en ti
muy dentro de ti.

Mi amiga Kiriee

El carisma es su atractivo
y su agilidad mental
Kiriee *medical assistant*
como ella no hay otra igual.

De rostro muy atractivo
y de elocuencia que abisma
me pidió una poesía
refiriéndose a sí misma.

Gusta de sonreír
es radiante de hermosura
alegre como ella sola
sabe mover su figura.

De mirada observadora
se pone seria a la vez
algo alocada inquietante
inteligente… eso es.

Magnífica de expresiones
amistosa y natural
ya terminé la poesía
de una chica original.

Él es ella. Hermafrodita

Una mujer un hombre y dos caminos
dos sexos fundidos en una sola unidad
un corazón, dos veces compartido
uno atrapado, en dos formas de amar.

Una elección, dos veces no deseada
dos pasiones, una confusión y entender
y relaciones diferentes, alteradas
no escogidas, al momento de nacer.

Con rechazos a su cuerpo discrimina
su mente se martilla y no lo puede entender
y en su interior se humilla sintiéndose niño y niña
viéndose como un extraño, como una extraña también.

Encriptado

Versos de amor escribo a tu nombre
Imaginada mujer que en lo oculto yo merezco
Vivir una pasión sintiéndome tu hombre
Iluso a fantasías pensándote amanezco,
Ansiada por muchas miradas, deseos e incertidumbre
Nacida para ser amada, un caprichoso arabesco.

Momentos dibujados bajo una estela ardiente
O un algo deseado que no te he podido decir
Reacciones inconclusas de un sentimiento latente
Emperador en mi mente, yo te puedo predecir;
No me declaro en palabras, pero juego con tu mente
Olvido lo que se siente, estar contigo y seguir.

Ella. Desviada

La curiosidad de su ambiente
abrazó una pasión deseada
y el rozar con otra gente
dejó enigma en su mirada.

Nació una adicción latente
con tan solo una probada
hubo cuerpo y hubo mente
cual inclinación desviada.

Ella es leona ardiente
fiera de su misma camada
y su amor es inocente
enamorada de un hada.

Su deseo es fuego silente
invertida la mirada
fundida como hierro candente
derretida, entregada.

Observador

Soñaba con amapolas
trabajaba en un rosal
del mar veía las olas
mujeres   sexo   animal.

Sus olores lo embriagaban
él las podía observar
mientras ellas caminaban
todo podía escuchar.

Magnífico catador
degustando su alimento
de todo lo abrumador
de la pena y el tormento.

De brujas e inquisidoras
por pasar malos momentos,
domadoras, controladoras
con maldad en sus sentimientos.

Él captaba sus problemas
calándolas en su centro
las que gustan de poemas
porque se reflejan dentro.

Las que se dicen felices
están su vida viviendo
muestran fotos y matices
la familia compartiendo.

Las que arden en sus ganas
de pasar buenos momentos
porque se derriten vanas
marchitando sus talentos.

O las que se entregan toda
consumiendo su alimento
eso que hoy se ha vuelto moda
ser infiel contar un cuento.

Unas que mienten felices
otras felices mintiendo
todas cargan cicatrices
las cruces de un ando y yendo.

Desfogue de pasión

Por encima de la inocencia
voy corriendo hacia tus besos
y campanas en mis sesos
evocan mi transparencia.

Deseos de complacencia
a mi temple de volcán
cual desenfrenos que van
desquiciados de impaciencia.

Desatar mi incontinencia
mi deseo pasional en ti
y hacer lo que te prometí
degustarte con paciencia.

Cual tu divina apariencia
tormento en mí a toda hora
seamos como sol y aurora
entregados como esencia.

De tormenta a efervescencia
como noche que acalora
ser el fuego que devora
a tu corazón sin clemencia.

Amor tardío

Tú, mi desequilibrio
la que puede romper con mi armonía
bello rostro lleno de lozanía
hermoso cuerpo de pasión sombrío.

Un ser de idilio lleno de brío
de hablar pausado cual sinfonía
yo electrizado por tu cercanía
para abrazarte, que no sientas frío.

Solo de verte yo me sonrío
mi flor genuina mi *Cattleya*
diosa de encanto, princesa mía
yo de mi amor por ti confío.

Pero llegué a tu vida tardío
sin querer queriendo tu energía
tener de tu boca un beso de alegría
tu cuerpo deseo, anhelo y ansío.

Psicológico. La voz del autor

Para ti que me lees
y consumes lo que escribo
yo a tu cerebro cautivo
te hago ver lo que desees.

Psicológico en placeres
nada aburrido y sensual
yo soy de traje o casual
soy solo lo que tú esperes.

Que bien hablo de mujeres
y de mi forma de actuar
también me puedo insinuar
convertirme en lo que quieres.

Y hacerte ver muchos seres
desde adentro de mi poesía
ves la traición y alegría
yo te muestro cual tú eres.

En mi don tengo poderes
puedo decir lo que siento
también robarte el aliento
antes que me consideres.

Hablar de lo que prefieres
conquistarte desde adentro
entrar directo a tu centro
o hacer lo que tú sugieres.

Saber a qué te refieres
mientras cambie la mirada
aunque no te diga nada
y sepa hacer mis deberes.

Que perdone caracteres
que me hieren o me humillan
unos mueren y otros brillan
un reto a que te liberes

Sin palabras

Eres

Eres tan linda tan linda
que no necesitas ser bella
eres honor e ilusión
mi fantasía y centella.

Eres la cálida brisa
o el huracán que atropella
eres mi disco mi sol
el puñal que no se mella.

Eres tú mi inspiración
mi rusa, la mujer aquella
eres la que de niño soñé
y pensé solo con ella.

Eres mi tranquilidad
mi paz mi amor mi doncella
eres la que un día al cortejar
convertí en fuego y estrella.

Una aventura

Te propongo una aventura
lance de pasión y locura
andanza para sanear la mente
una aventura en tiempo presente.

Sugiero no decir nada
y que leas lo que quiero en mi mirada
que te dejes arrastrar por la corriente
nerviosa entrega tierna inocente.

Tener un momento juntos, de intimidad
calmar eso que sentimos, con sobriedad
desvistiendo nuestras almas, liberando nuestras ansias
haciendo lo que queremos, sin presión a circunstancias.

Una entrega con finura
un salto al abismo en premura,
tú y yo juntos con nuestros cuerpos haciendo
dos corazones, agitados latiendo.

El señor de la noche

El señor de la noche
tiene brillo en la mirada
una sonrisa encantada
y energía de derroche.

Su corazón es reproche
amalgama de locura
tiene febril su figura
y ojeras de medianoche.

Como el motor de su coche
lubrica y revoluciona
a féminas emociona
si lleva abierto su broche.

Para algunas un fantoche
otras quieren conocer
curiosidad o placer
con «el señor de la noche».

Okay

…porque eres más que simplemente bella
un sueño de arcoíris y estrella
del gusto a la perfección
en verso toda mi emoción.

Tres pasos dentro de ti

Tú solo eres presa animada
y yo vuelo con halcones
conozco tus emociones
aunque no me digas nada.

Puedo leer tu mirada
aunque tú no estés presente
como mirar tras un lente
verte clara o empañada.

Cual corriente o marejada
para mí serás preciosa
tú la espina o tú la rosa
tú de mí, enamorada.

Tres pasos delante de ti

Cuando estoy delante de ti yo sé todo lo que ocultas
presiento tus pensamientos, no me niego a comprender
todos aquellos deseos y tus acciones inconsultas,
de pasar más tiempo juntos más te pudiese entender.

Me doy cuenta por tus ojos y la forma en que me miras
la manera en que respiras también me lo hace saber
los latidos de tu pecho y verte cómo transpiras
no se me hace difícil descifrar a una mujer.

Puedo oler tus feromonas y ver tus sentidos avivar
a mis espíritus escuchar, en las cosas comprender
todo lo que piensas hacer, tu mente en otro lugar
yo te libero, ve a andar, corre a comparecer.

Verdad o fantasía

Alas para volar
fuego calor y deseo
pasión en todo lo que veo
anclado vivir para amar.

Cansado de tanto sufrir
y vivir en amargura
hoy encontré una figura
a quien quiero consentir.

De plano querer vivir
y ser justo donde ella
por conseguir la más bella
mujer para mi existir.

Y darle todo mi amor
un cierre a esta poesía
si es verdad o fantasía
sigo el rastro de su olor.

Abusada

Todo comenzó en la casa, el abuso se hizo cotidianidad
y la niña que era entonces no entendía
por qué mamá le pegaba
por qué la tocaba papá.
      Cenicienta de su mami, princesita de papá.

La repetición de los hechos tras los años
hizo que entendiera una cruda realidad
su madre la rechazaba por estar celosa
por ella ser desde niña la otra mujer de papá.
      Cenicienta de su mami, princesita de papá.

De niña pasó a adolescente aunque siempre fue una mujer
ya le gustaban los golpes, el morbo pasó a ser placer
trastornando su cerebro siempre se dejó querer
abusada y manoseada todo lo llegó a entender.
      Cenicienta de su mami, princesita de papá.

Y un contraste claro-oscuro se hizo así a su vida
oscureciendo aún más los matices de su triste verdad
ya es una mujer, una rosa de la noche
es bailarina privada y con un proxeneta está.
      Cenicienta de su mami, princesita de papá.

En una calle adyacente hallan un cuerpo sin vida,
es el de una chica muy joven que no encontró otra salida,
un acervo de problemas desde niña la seguían,
hoy drogada y deprimida, adiós al mundo decía.
      Cenicienta de su mami, princesita de papá.

Mulata

Me desespero de solo mirarte
deseos de amarte hasta tu enloquecer
mulata bella, de cuerpo flameante
de vuelta a la vida, de muerto a nacer.

Divina tu mezcla, grande es tu hermosura
me enojo a mí mismo por no poseer
tu alma viajera tu hermosa figura
toda tu envoltura quitar y comer.

Y un yo sin pensarlo te abraza en caricias
lamiendo tu cuerpo y todo tu placer
mi ser todo tuyo ardido en delicias
morder de tu fruta, te quiero tener.

Tus deseos de mujer

Haz lo que tengas que hacer
no me tienes que esperar
ni que decir ni ocultar
tus deseos de mujer.

Las ganas de complacer
y tanto dejarte amar
entregarte a disfrutar
de amor un atardecer.

En tu cara puedo ver
y en tu aroma respirar
nerviosismo en tu mirar
un callar sin responder.

Saber de un acontecer
y en tu mente imaginar
todo lo que va a pasar
si yo te puedo coger.

Locura sexo y placer
erotismo a reventar
dos puntadas y estallar
y toda a ti enloquecer.

Ellos. Preferencia homosexual

La pasión entre ellos es muy fuerte
confesos y ocultos a su forma de amar
a veces uno permanece inerte
cuando el otro está a punto de estallar.

Por momentos muy fácil se distingue
al macho alfa que comanda la misión
y muy claro ves que el otro le sigue
aunque en la cama cambien de posición.

Combatientes entre ellos sudorosos
entre abusos defienden su adicción
sus deseos, a veces con acosos
entre espinas llevan su relación.

Tienen familia y hasta hijos que respetan
que en su momento tendrán su declaración
y en este primer mundo sus inclinaciones no vetan
hoy ocupan todo tipo de posición.

A solas un día. Entrega fugaz

Quieres que te detalle desnuda
y a mi hombría quieres excitar
que el calor de mis manos te derrita
para así poderte entregar
materializar los antojos de tu cuerpo
y arder de placer gimiendo toda venida a gritar.

Cual lo mágico de brillar y saber que te desean
que puedes ser la primera que me quiso conquistar
ser la que quiso explorar y también ser explorada
desflorar o desflorada todo tu tesoro dar
con alegría otorgar tu emoción más infinita
ya no más, niña bonita, mujer a orillas del mar.

La mujer que tengo

Soy feliz con la mujer que tengo
no hay reclamos conozco lo que amo
sin enojos lo digo y lo mantengo
mi amor con gusto en su cuerpo derramo.

Mi deseo expresado

Mi deseo está a algo más
que a una cuarta de tu ombligo
en un verso yo te digo,
entre piernas: ras con ras.

Donde guardas tu humedad
y una fragancia especial
toda brutal pasional
sexo   mujer   divinidad.

Cual tu concha depilada
la forma a mí no me importa
entre espinas mi alma corta
es como rosa arrancada.

Imaginar las puntadas
repetidas a tu dedal
celosa como animal
con tus manos amarradas.

Tus piernas desesperadas
y fuegos artificiales ver
hacer lo que haya que hacer
estocadas continuadas.

Temas que son teoremas
deseos vivencias y dramas
mujeres que se hacen las damas
cuando leen mis poemas.

Expreso en todos mis temas
un mundo real e imaginativo
te llevo al cielo en que vivo
mundo de cosas extremas.

Y para almas en pena
que solo me han de criticar
leerme es un elogiar
de mí, adictas en vena.

Mi trabalenguas. Te quiero

Yo te quiero
y no sabes cuánto te quiero
tú no sabes cómo te quiero
pero sí sé que te quiero
más de mil veces te quiero,
hasta el infinito de quiero.

Declarada. Más de cien terminaciones «ar»

Hoy te he podido escuchar
que te puedes desdoblar
ser volcán y erupcionar
que te puedes entregar
y nadie lo va a imaginar
como címbalo sonar
darte toda a disfrutar
toda libre para amar
y que te puedan tocar
hasta tú finalizar
navegarte como al mar
y tu nombre pronunciar
tú con un hombre sudar
desnudarte y batallar
llena de besos estar
sexo con sexo juntar
arañar hasta marcar
morder casi hasta sangrar
moverte hasta desfogar
tus demonios evocar
tus pasiones liberar
sin pensar planificar
tú te dejas atrapar
quieres ser lluvia y mojar
ser candela y quemar
piedra de granizo y golpear
como granada explotar
toda venirte a jugar
un juego de nunca acabar
a tu cuerpo fraccionar
darte toda a deleitar
al que escogiste al azar
sonreír, satirizar

decir mentira, engañar
a ese hombre provocar
con tu mirada incitar
a que te pueda rozar
volverte toda vulgar
para tu perfume dar
con tus ganas de cantar
te lo has de imaginar
teniéndote hasta saciar
haciendo el amor sin parar
éxtasis y reventar
vestida para bailar
como una gata maullar
loca por acariciar
por ver su cuerpo y montar
y muy fuerte galopar
a tu cuerpo desbocar
tu poder de electrizar
un voltear y despertar
azotar y esclavizar
hacer de todo y callar
atreverte a desafiar
probar todo su manjar
ser libre para volar
o muy dulce y endulzar
en una curva doblar
en una esquina esperar
con una seña avanzar
entregarte a su entregar
mojarte y después mojar
su barba te va a pinchar
cuando te vaya a besar
su cara sin rasurar
y tú te vas a excitar
eso que te va a gustar

tu venir sin depilar
él te va a hacer sollozar
las nubes acariciar
como paloma volar
en tu arcoíris viajar
ver estrellas titilar
un lucero contemplar
dormir para despertar
un tiempo de meditar
hoy te vas a «resetear»
tus problemas olvidar
tu relación sin salvar
tenerte que resignar
echar tus penas al mar
un volverte a enamorar
ser una perla y brillar
una reina al coronar
una boca a silenciar
a tu sexo alimentar
no te puedes dominar
antojos para inhalar
resistirte a forcejear
hoy te quieres embriagar
saber que pude escuchar
dejarte atar, desatar
amarrar, desamarrar
moretones de marcar
una historia que contar
pasión para no olvidar
rima de nunca acabar
cigarro que vas a fumar
todo el placer a exhalar
tu cabeza arrebatar
con él te vas a acostar
un no a querer terminar

un pozo que no se va a secar
a un extraño acariciar
a tu amor resucitar
un nuevo cuerpo explorar
tus ganas de matizar
viajar y finalizar
la parada de bajar
y sin dejar de rimar
más de cien terminaciones «ar».

Deseo inocente

Mi corazón responde
al llamado de tu boca
cuando mis manos te tocan
y tú me puedes sentir.

Se acelera mi deseo
 y te tomo en mil caricias
porque eres una delicia
que no quiero compartir

que suave quiero disfrutar
y entrar en tu sensación
cálido y tierno placer
para que no haya dolor.

Cumplido

Eres hermosa,
muy hermosa a mis ojos,
…una aventura
…una locura.

Tengo en modo de alerta todas mis emociones
…mis deseos
…mis sentidos.

Me veo entrando en ti
muy vivo dentro de ti
apasionado encima de ti
derramando mi sed de ti.

Solo dos

Tú y yo
yo y tú
yo dentro de ti y tú conmigo
fuego en nuestros deseos
libertad para arder
involucrarnos todo
llegar juntos al final.

¿Qué me pasa contigo?

Un nombre inconfeso
un sueño hecho realidad
un deseo de que seas libre
un gozo, y algo más.

Una locura con o sin consecuencias
una maquinaria de amor que no puede parar
una vigilia y una espera que no cesa
una sensación de volverme a enamorar.

Suerte

Sin conciencia tu mirada
delata a tu corazón
y me muestra tu emoción
aunque no me digas nada.

Yo preparo una estocada
de versos para un presente,
mariposas en tu mente,
curiosidad demostrada.

Tú realmente eres un hada
envuelta en traje de «fuerte»
por leerme y yo creerte,
pensarte toda mojada.

Cual sonrisa emocionada,
bella mujer deliciosa,
del rosal la más hermosa.
¡Ya te imagino saciada!

Mi pasión desenfrenada,
no voy lento, he de correr,
hacer lo que haya que hacer
para que seas mi amada.

Ultrabella

Ultrabella,
        yo te quiero conquistar
tu belleza sofocar
            y tu cuerpo recorrer,
tenerte un amanecer
                después de una noche intensa
liberarte cual tu trenza,
            tu oreja poder morder.

Poseer todo tu ser
            incitando a tus espasmos,
verte venir en orgasmos,
             gemir hasta enloquecer,
tu pasión reconocer
           al poseer tu figura,
verter mi blanca locura
           en tu interior de mujer.

Amazona

Me cautivó su mirada,
la curiosidad me atraía,
me saludaba animada,
su forma todo decía.

Era una bella amazona,
en un cuento me creía,
poseer a una varona
que en mis brazos se rendía.

Su cuerpo hermoso era fuerte,
de carne no carecía
y yo tuve tanta suerte
que entre tantos me escogía.

Y en una mañana hermosa,
me gustas, yo le decía,
mi pasión quería esa diosa,
ya en sus llamas me veía.

Ella aceptó conversar,
sabía lo que quería,
ambos quisimos estar
cuando la tarde caía.

Mucho de intensidad,
algo que ya se sabía,
descubierta en su verdad,
deliciosa, la hice mía.

Ironía del destino

Lleno de sentimientos encontrados
toqué tu fondo y subí a respirar,
y fui cuando vi nuestros rostros halados
llegado el momento de los dos terminar.

Injusto el destino por yo ser la víctima
con tanta experiencia y tanto caminar,
quizás el Supremo golpeando mi estima
castigó mi ego de reír a llorar.

7 de diciembre

Obsesionada con mis besos
                ella se sintió atrapada
treinta años… de sucesos
                labios-boca no gastada

Ya probó de ese aderezo
                que a mi lengua se impregnaba
mi sabor quedó en su sexo
                como enigma en su mirada

Y nos vemos día tras día
                con secuencias afiladas,
recito una melodía
                a mi bella enamorada.

A tus cincuenta años

Crees que aún me puedes querer
guardando el miedo de volver a enamorarte,
extraña fantasía… soñar volverme a ver
pensar solo en mis besos y sola acorralarte.

Sentir mis jugos e idolatría,
en tu interior, saberme dentro,
entrelazadas tu vida y la mía,
yo en tu cuerpo, profundo adentro.

Un algo extraño con melodía
viril y fuerte de azul intenso,
yo soy tu espejo, tú, reina mía,
soy tu reflejo cálido extenso.

Yo

Prefiero ser atrevido
                    a ser ciego o santurrón,
a ser tonto de ocasión
                    o ser bobo, distraído.

Cual lo pienso así lo digo
                    con palabras o poemas,
mis temas que son teoremas,
                    desnudo de pasión contigo.

Predestinada

El destino nos juntó, eres mi dicha
encontrarte fue hermoso, y conocerte,
fue grandioso en mis brazos contenerte
y con mis manos dije adiós a la desdicha.

Al azar surgió una mirada
sin pensar respuesta hacia tu risa,
nunca vieron mis ojos tal sonrisa
ni mi boca se halló tan desesperada.

Surgió un juego de pasión fuerte abrazada
sin enojos, como el mar y la brisa
tan hermosa, belleza que hipnotiza
cual entrega clandestina en mí guardada.

Sabe

Sabe que quiere y puede más
sabe que tiene ese don oscuro
sabe que es de rojo y seguro
sabe que es de fuego además

Sabe que es pura intensidad
sabe que sus besos son adicción
sabe que su boca provoca emoción
sabe de mentir y decir la verdad

Sabe del gusto y de cautivar
sabe su fuerte: crear suspenso
sabe de su amar con calor intenso
sabe su poder aún sin terminar

Sabe de amor y de enamorar
sabe complacer todo con ternura
sabe recorrer toda una figura
sabe qué hacer y también sabe actuar

Sabe incitar y hasta cautivar
sabe de invadir un cuerpo en premura
sabe penetrar la mente hasta la locura
sabe jugar, incitar y extasiar

Sabe qué hacer, poder decidir
sabe envolver, salir y entrar
sabe con su aroma dulce marginar
sabe cuál amar, querer y partir

La búsqueda del marinero

De creciente a luna llena
de menguante a su final
él buscaba a su sirena
entre el arrecife y el coral

De creciente a luna llena
de menguante a su final
él buscaba a su sirena
en lo profundo del mar

De creciente a luna llena
de menguante a su final
él buscaba a su sirena
y no la pudo encontrar

Índice